ARNE WINKELMANN   KITTY KAHANE

FRAUEN BAUEN
KINDER ENTDECKEN ARCHITEKTINNEN

æ antæusverlag

Impressum

Arne Winkelmann, Kitty Kahane
FRAUEN BAUEN. KINDER ENTDECKEN ARCHITEKTINNEN

herausgegeben von
Marietta Helen Andreas, Gesellschaft der Freunde des Deutschen Architekturmuseums e. V.
Christina Budde, Architekturvermittlung Deutsches Architekturmuseum

Idee: Arne Winkelmann, Christina Budde
Konzept und Texte: Arne Winkelmann
Illustrationen: Kitty Kahane
Gestaltung: Dominique Kahane
Druck: Grafostil, 1231 Ljubljana, Slowenien

ISBN 978-3-9810809-9-5
Alle Rechte vorbehalten
© 2017

ermöglicht durch

VORWORT	5
GAE AULENTI ... **... UND IHR MUSÉE D'ORSAY**	6
GALINA BALASCHOWA ... **... UND IHRE RAUMKAPSEL**	10
LINA BO BARDI ... **... UND IHR KUNSTMUSEUM MASP**	14
EILEEN GRAY ... **... UND IHRE VILLA E.1027**	18
ZAHA HADID ... **... UND IHR WISSENSCHAFTSZENTRUM PHAENO**	22
FRANCINE HOUBEN ... **... UND IHR HOCHHAUS FIFTYTWODEGREES**	26
FRANCOISE-HÉLÈNE JOURDA ... **... UND IHR ZAC PAJOL**	30
MARGARETE SCHÜTTE-LIHOTZKY ... **... UND IHRE FRANKFURTER KÜCHE**	34
MARTHA SCHWARTZ ... **... UND IHR GRAND CANAL SQUARE**	38
KAZUYO SEJIMA ... **... UND IHR ZOLLVEREIN KUBUS**	42
LOTTE STAM-BEESE ... **... UND IHR STADTTEIL PENDRECHT**	46
BENEDETTA TAGLIABUE ... **... UND IHR SANTA CATERINA MARKT**	50
DIE HERAUSGEBER ... **... UND IHRE AUTOREN**	54

FRAUEN BAUEN

Dass Frauen bauen, ist gar nicht so selbstverständlich und auch noch nicht lange so. Schätz' mal wie lange! Um die hundert Jahre sind es gerade mal, seit Frauen Architektur studieren und bauen dürfen. Natürlich passierte das nicht in allen Ländern gleichzeitig. In vielen ist es immer noch sehr ungewöhnlich, wenn eine Frau diesen Beruf ausübt.

Deshalb gibt es bis heute nur wenige Architektinnen. So wenige, dass man immer mal wieder die Aufmerksamkeit auf sie richten muss. In diesem Buch werden zwölf Architektinnen und ihre bekanntesten Bauwerke vorgestellt. Einige Architektinnen wie Zaha Hadid zum Beispiel sind weltberühmt und Du hast vielleicht schon von ihnen gehört. Andere sind nicht so bekannt, aber nicht weniger interessant. Vielleicht kennst Du ja eines der Gebäude, die auf den folgenden Seiten vorgestellt werden, und wusstest gar nicht, dass es von einer Architektin gebaut wurde. Wir möchten Euch die Geschichten einiger Architektinnen erzählen, von den Schwierigkeiten, die sie hatten, ihre ersten Gebäude zu errichten, aber auch davon, wie sie schließlich Erfolg hatten und viele Aufträge bekamen. Und wir möchten erklären, welche Ideen hinter ihren Entwürfen standen, warum ihre Bauten so aussehen, wie sie aussehen.

Als Architektin kann man aber auch in anderen Bereichen arbeiten. Deshalb stellen wir Euch auch noch eine Stadtplanerin und eine Landschaftsarchitektin vor und eine Architektin, die – etwas ganz Außergewöhnliches – nämlich Raumkapseln geplant hat.

Arne Winkelmann

GAE AULENTI …

Ausstellungsgestaltung Triennale Mailand, 1964

Gae Aulenti war ein Multitalent: Sie hat Möbel und Inneneinrichtungen entworfen, als Grafikdesignerin das Layout für Zeitschriften gestaltet, sie hat an der Universität gelehrt, sie hat Ausstellungsarchitekturen entwickelt, Bühnenbilder geschaffen und natürlich auch Gebäude entworfen. Und sie war in allem richtig gut! Ihre Lampen und Sofas werden teilweise bis heute hergestellt, für ihre Ausstellungen erhielt sie Preise, ihre Kulissen im Theater machten Furore … und ihr Meisterstück, das *Musée d'Orsay*, begeistert nach wie vor Tausende von Besuchern. Gaetana – wie sie vollständig hieß – wurde 1927 in Norditalien geboren. Sie studierte in Mailand Architektur, wo sie 1954 auch ihr Diplom erhielt.

Da Italien nach dem Krieg kein Wirtschaftswunder erlebte, wurde auch nicht so viel gebaut, sodass Architekten nicht sehr gesucht waren. Deshalb arbeitete Gae zunächst als Redakteurin und Grafikdesignerin bei der Zeitschrift *Casabella*. In den 1960er Jahren unterrichtete sie als Assistentin an ihrer ehemaligen Hochschule und später auch in Venedig.

Dinge präsentieren und sie wirkungsvoll inszenieren, konnte sie am besten. Für die alle drei Jahre stattfindende Architekturausstellung in Mailand entwarf sie 1964 das Ausstellungskonzept für den italienischen Pavillon. Italien als Land, in dem nun ganz Europa seinen Urlaub verbrachte, stellte sich unter dem Thema »Freizeit« dar. Gae inszenierte den Pavillon als eine Art Strandpromenade, auf der der Besucher durch große Wandbilder von den Urlauberorten an der Küste und Figuren von Badenden hindurchspazierte. In manchen Bereichen hängte sie sogar die Aus-

Showroom der Firma *Olivetti* in Paris, 1965

stellungsstücke an der Decke auf. Das war natürlich spektakulär. Auch für verschiedene große Firmen entwarf sie wirkungsvolle Ladeneinrichtungen wie für den Autohersteller *Fiat* oder die Schreibmaschinenfirma *Olivetti*.

Sgarsul Schaukelstuhl, 1962

Zweisitzer für *Knoll International,* 1977

Dabei hat sie auch eigene Möbel- und Einrichtungsgegenstände verwendet. Für den Möbelhersteller *Knoll International* hat sie einige Sessel, Sofas und Stühle entworfen, die nicht nur bequem sind, sondern durch ihre zeitlose Gestaltung auch heute noch gefallen.

Bei Gae Aulentis Talent, Möbel, Lampen oder auch Schauspieler in Szene zu setzen, wundert es nicht, dass sie im Jahre 1980 auch den Wettbewerb für ein Museum gewonnen hat – einen Ort, wo nun Kunstwerke und Skulpturen wirkungsvoll präsentiert werden mussten. Die Stadt Paris hatte für den Umbau eines stillgelegten Bahnhofs zu einem Museum einen Architekturwettbewerb ausgelobt. Die Gesamtplanung gewann das Büro ACT und Gae wurde für die Innenarchitektur ausgewählt.

Das wunderschöne Bahnhofsgebäude Gare d'Orsay wurde im Jahr 1900 für Regionalzüge gebaut. Aber aufgrund der immer länger

... UND IHR MUSÉE D'ORSAY

werdenden Züge reichte die große Halle bald nicht mehr aus und schon 1939 wurde der Bahnhof nur noch teilweise für die Paketpost gebraucht. Nach verschiedenen Zwischennutzungen wurde er 1973 unter Denkmalschutz gestellt und die Idee einer Umnutzung als Museum diskutiert. Sieben Jahre hat Gae dieses Museum geplant. Zunächst wurde der Steg über die Gleise entfernt, damit die große Halle besser zur Geltung kommt. Die Ausstellungsflächen wurden nun entlang der früheren Gleise gebaut, wobei die Skulpturen und Plastiken in der Mitte und auf zwei Terrassen aufgestellt wurden. Gae hat aus dem Bahnhof eine Kunstpromenade gemacht.

Dadurch wurde das helle Tageslicht, das durch die Oberlichtdecke und die großen Bogenfenster hereinkommt, optimal genutzt. Mit Brüstungen und Bänken hat Gae die große Fläche in kleinere Bereiche untergliedert – nicht mehr als drei oder vier Skulpturen in einer Nische. So ergibt sich für den Besucher ein kleiner intimer Bereich, in dem er das jeweilige Kunstwerk in Ruhe betrachten kann.

Hier erkennt man die vielen Unterteilungen in kleine Bereiche.

GALINA BALASCHOWA ...

Von 1922 bis 1991 war Russland noch ein anderes Land und hieß Sowjetunion. Es umfasste ein größeres Staatsgebiet und war ein kommunistischer Staat. Das heißt, dass alle Menschen gleich sein sollten. Bereits der Staatsgründer Lenin hatte die Gleichheit von Mann und Frau erklärt. Allerdings hat es einige Jahrzehnte gebraucht, bis diese Gleichheit auch in fast allen Berufsfeldern durchgesetzt werden konnte. Architektinnen gab es auch in der Sowjetunion nur sehr wenige – eigentlich erst nach dem Zweiten Weltkrieg in den sogenannten Planungskollektiven, also Architektengruppen, in denen jeder Mitarbeiter eine spezielle Aufgabe hatte.

Während des Krieges und direkt danach mussten viele Frauen die Arbeit von Männern machen und erst so wandelten sich die Berufsbilder und das Selbstverständnis der Frauen.

Galina Andrejewna Balaschowa (geb. Brjuchow) wurde 1931 in Kolomna geboren, einem kleinen Städtchen, das ca. 100 km von Moskau entfernt liegt. 1949 schloss sie ihre Schule ab. Weil sie schon zur Schulzeit Zeichenunterricht genommen und immer viel gemalt hatte, schlug ihr Vater ihr vor, in Moskau Architektur zu studieren. Tatsächlich bekam sie einen der knappen Studienplätze. Die Professoren zeichneten und malten weiterhin viel mit den Studenten. Das Ende ihres Studiums fiel zusammen mit dem Beginn des sowjetischen Raumfahrtprogramms. Die USA hatten am 29. Juli 1955

Die Flagge der Sowjetunion mit einem Porträt des Staatsgründers Lenin.

den Beginn ihres Raumfahrtprogramms angekündigt. Die Sowjets zogen sofort nach und starteten nur vier Tage später ihr Programm.

Schon im Oktober 1957 schossen die Sowjets den ersten Erdtrabanten ins All, den Sputnik. Diese kleine Kugel löste in der westlichen Welt den sogenannten Sputnikschock aus – man war überrascht von der Geschwindigkeit der sowjetischen Raumfahrt.

Im Sommer 1956 heiratete Galina Jurij Balaschow, den sie schon aus der Schule kannte. Jurij hatte Physik studiert und arbeitete nun im Experimental-Konstruktionsbüro OKB-1 in Koroljow, eine Stadt ganz in der Nähe von Moskau. Hier wurden Raketen und Raumfahrtausrüstung entwickelt. Ihr Mann schlug sie als Architektin für das OKB-1 vor, sie wurde angenommen und so kam sie zur Raumfahrt.

Galina war hier nun leitende Architektin und für alle baulichen Aufgaben zuständig. Sie erarbeitete städtebauliche Pläne, entwarf Grünanlagen und Gedenkstätten und auch den großen Kulturpalast der Stadt.

1961 landete die sowjetische Raumfahrt einen weiteren Coup und schickte den ersten Menschen ins Weltall:

Der Sputnik – nur eine kleine Kugel markiert den Beginn der Raumfahrt.

Der Kulturpalast in Koroljow.

Juri Gagarin, der allerdings nur ein kleines Raumschiff brauchte. In der Sowjetunion hießen die Piloten, die ins Weltall flogen, nicht Astronauten, wie in den USA, sondern Kosmonauten.

Das Raumfahrtprogramm wurde weiter ausgebaut und in Koroljow wurden nun Raumschiffe mit Wohnmodulen geplant, in denen man längere Zeit leben und arbeiten konnte. Hier kam nun Galina ins Spiel: Im Jahr 1964 wechselte sie in die Abteilung, die für den Bau von Raumschiffen zuständig war, und entwarf die neuen Raumkapseln.

Auch wenn es schon einige Architektinnen in der Sowjetunion gegeben hatte, so war Galina doch die allererste, die die Einrichtung für ein Raumschiff entwerfen durfte. Wer durfte schon für die Kosmonautik bauen? Das war wirklich einzigartig.

Galina in den 1960er Jahren beim Sport.

Die erste Inneneinrichtung entwarf Galina für das Raumschiff *Sojus*. Der Name Sojus heißt übersetzt Vereinigung oder Union und war natürlich ein Verweis auf die Sowjetunion. In einer kleinen, kugelförmigen Kapsel, in der nur ein Kosmonaut Platz hatte, mussten die Navigationsinstrumente, technische Instrumente, eine Schlafgelegenheit, und auch eine Toilette untergebracht werden. Oben und unten befanden sich Luken zum Ein- und Aussteigen.

Nach einigen erfolgreichen Sojus-Missionen wurde in den 1980er Jahren nun eine dauerhafte Raumstation im Weltall geplant. Diese Station sollte aus mehreren Modulen zusammengesetzt werden, die man nach und nach ins All schoss. Sie wurde *Mir* genannt, was übersetzt Welt oder Frieden bedeutet, denn diese Raumstation war ein internationales Projekt. Die Kapsel, die Galina auszustatten hatte, war natürlich wesentlich größer, weil für einen längeren Aufenthalt auch mehr technische Instrumente und Kosmonauten untergebracht werden mussten. Um in der Schwerelosigkeit ein Gefühl für oben und unten beizubehalten, hat Galina ein Farbkonzept entwickelt: Für den Fußboden sah sie dunklere Farben wie Grün und Bordeauxrot vor, ein klares Unten. Die Wände wurden in einem hellen Beigeton gehalten und die Decke in Hellblau – ein leichter, heller Ton, um das Oben anzudeuten. Für die Kosmonauten, die mehrere Wochen in einem engen Raum verbringen mussten, war so eine Farbregie psychologisch sehr wichtig. Wenn mehrere Personen in einer Raumstation sind, muss natürlich auch die Toilette abgetrennt werden. Auf dem Sofa musste man sich anschnallen, weil man ja sonst im Schlaf geflogen wäre. Ein Geschirrschrank hatte gleichfalls die Funktion, das Geschirr am Durcheinanderfliegen zu hindern. Alle hervorstehenden Metallteile waren abgerundet, damit sich keiner verletzt. Weil das sowjetische Raumfahrtprogramm natürlich streng geheim war, blieb Galinas Arbeit über lange Zeit unbekannt. Selbst als die Amerikaner schon zum

Das Innere der *Sojus*-Raumkapsel

Die Raumstation *Mir* bestand aus mehreren solcher Module, die miteinander verbunden waren.

... UND IHRE RAUMKAPSEL

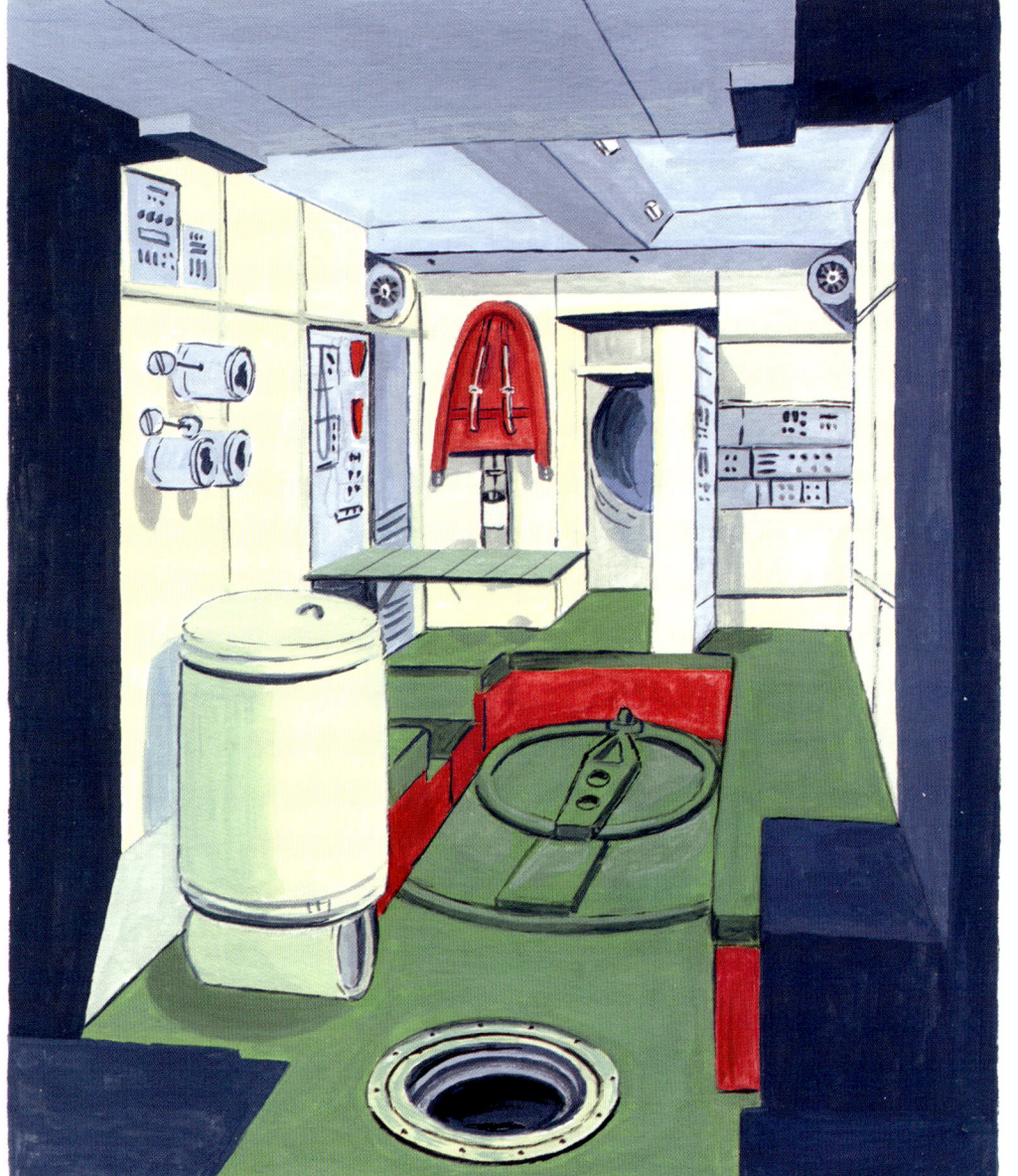

Logo des *Mir*-Raumfahrtprogramms.

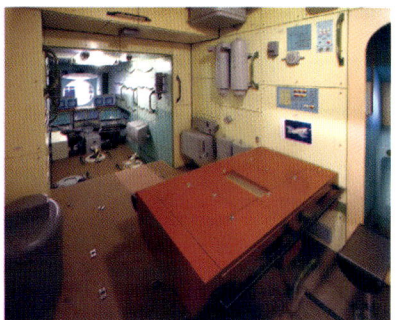

Das Innere der *Mir*-Raumkapsel.

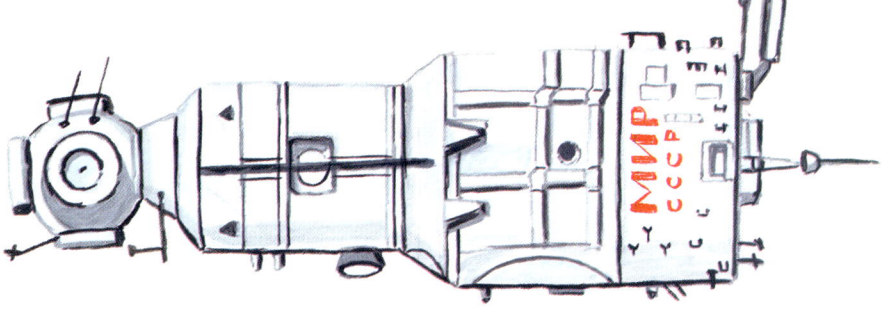

Mond geflogen waren, herrschte immer noch strikte Geheimhaltung. Erst als sich die Sowjetunion 1991 auflöste und Galina in den Ruhestand ging, wurde ihr Name bekannt. In Ausstellungen und Büchern wurden nun ihre Entwürfe der Öffentlichkeit gezeigt. Und man staunte nicht schlecht, dass die Entwürfe von so vielen Raumkapseln und -stationen von einer Architektin stammten. Hier hatte die Sowjetunion nicht nur in der Raumfahrt die Nase vorn, sondern auch ein bisschen in der Gleichstellung von Mann und Frau.

LINA BO BARDI...

Lina ist die Kurzform des Namens Achillina, mit dem sie 1914 in Rom geboren wurde. 1922, als sie acht Jahre alt war, wurde aus ihrem Heimatland eine Diktatur. Dieses faschistische Italien war mit seinen Uniformen, seiner Gewalt und seiner Machtpolitik eine reine Männerwelt. »Frauen müssen gehorchen«, hatte der Staatschef Mussolini 1927 erklärt. Um so erstaunlicher ist es, dass Lina 1934 in Rom Architektur studieren durfte. Und das, obwohl ihr Vater, ein Spielzeugfabrikant, eigentlich als Anarchist galt, also jemand, der den Staat ablehnt.

Die Lehre an ihrer Universität war von dem Architekten Marcello Piacentini geprägt, der klobige und furchteinflößende Gebäude (im neoklassizistischen Stil) entwarf, die der Politik Mussolinis entsprechen sollten.
Diese Architektur mochte Lina offenbar nicht so besonders und damit sie nicht auch so eine Staatsarchitektur entwerfen musste, entschied sie sich bei ihrer Abschlussarbeit 1939 für ein Mutter-Kind-Heim.

Piacentini hatte auch das Universitätsgebäude entworfen, in dem Lina studierte.

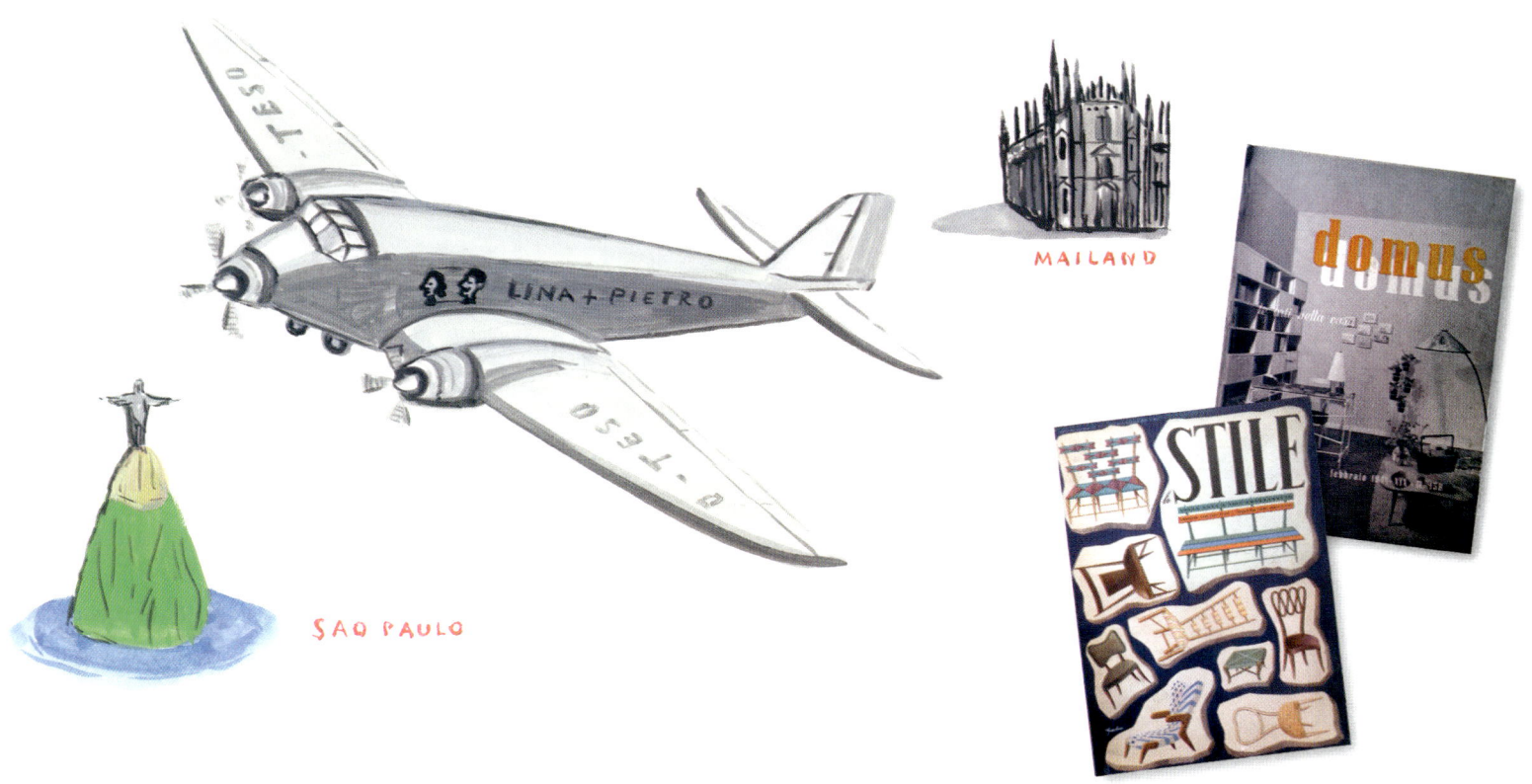

Nach dem Examen zog Lina 1940 nach Mailand und versuchte sich selbstständig zu machen. Aber mitten im Krieg gab es keine Aufträge für sie. Deshalb arbeitete sie als Illustratorin für eine Modezeitschrift und später für die Architekturmagazine *Domus* und *Lo Stile*.

Hier lernte sie auch den Galeristen, Kunstkritiker und Journalisten Pietro Maria Bardi kennen. Nach dem Krieg heirateten die beiden und Lina hieß nun Bo Bardi. Seit einem Besuch im Jahr 1939 schwärmte Pietro für das Land Brasilien. Da Italien nach dem Krieg unglaublich arm war und keine Zukunft bot, wanderten die beiden 1946 nach Brasilien aus.

Pietro und Lina waren mit Ausstellungen und dem Verkauf europäischer Kunst so erfolgreich, dass sie sich 1952 ein eigenes Haus bauen konnten. Das entwarf selbstverständlich Lina selbst: Ein Haus aus Glas, das auf schlanken Säulen steht. Die Fläche zwischen den Säulen können sie als Garten nutzen. Durch eine große Öffnung im »Gläsernen Haus« kann sogar ein Baum in die Höhe wachsen. Wirklich berühmt wurde Lina aber 1957 mit dem Bau des Kunstmuseums São Paulo kurz *MASP*.

Von der anderen Seite sieht man, dass das Museum auf einem großen unterirdischen Bau steht.

Casa de Vidro (Gläsernes Haus), 1951–52, São Paulo.

Dadurch wurde sie zur wichtigsten Architektin des Landes und prägte die Baukunst Brasiliens ganz maßgeblich mit.

Zu diesem Auftrag kam sie durch ihren Mann Pietro. Der hatte schon 1947 das Kunstmuseum gegründet, dessen Direktor er bis zum Jahr 1996 bleiben sollte. Die Sammlung von Kunstwerken war derart angewachsen, dass sie nun ein eigenes Gebäude brauchte. Es wurde im Zentrum von São Paulo, Brasiliens größter Stadt, gebaut.

Als Vorbild für das Kunstmuseum kann man ihr eigenes »Gläsernes Haus« sehen. Denn auch das Museum besteht aus einer gläsernen Kiste, die auf Stützen steht. Die Stützen sind zwei riesige Bügel aus Stahlbeton, die in grellem Rot angemalt sind. Der Glaskasten ist praktisch an den Bügeln aufgehängt.

Von der anderen Seite sieht man, dass das Museum auf einem großen unterirdischen Bau steht. Ähnlich wie bei ihrem »Gläsernen Haus« kann die Fläche unter dem Gebäude genutzt werden. Sie ist ein städtischer Platz, der durch seinen kühlen Schatten in der Hitze Brasiliens sehr beliebt ist. Bei seiner Fertigstellung war dieser Platz die größte überdachte Fläche der Welt.

Dass Architektur eine soziale Funktion hat und

städtischer Platz + rote Bügel + Museumskiste

... UND IHR KUNSTMUSEUM MASP

Das kräftige Rot fällt auf in der Millionenmetropole.

Menschen zusammen bringen soll, war Lina immer sehr wichtig. Das Kunstmuseum São Paulo ist eben nicht nur ein Museum, sondern mit dem Platz darunter auch ein Ort der Begegnung, der allen Bewohnern der Stadt offen steht. Oft finden hier im Schatten auch Märkte und Basare statt. »Mir ging es nicht um Schönheit, sondern um Freiheit«, hatte Lina zu ihrem Bau erklärt.

EILEEN GRAY...

Arm waren sie nicht, die Grays. Auch wenn der Name sehr gewöhnlich klingt, so gehörte die Familie, in die Eileen 1878 als fünftes Kind geboren wurde, dem irischen Adel an.

Eileen hieß mit vollständigem Namen Katherine Eileen Moray Gray und wuchs im Familienschloss Brownswood in der Grafschaft Wexford auf – das liegt an der Ostküste Irlands. Und weil die Familie so wohlhabend war, konnte auch das fünfte Kind noch studieren. Eileen nahm also ab 1898 an der berühmten *Slade School of Art* in London ihr Studium der Malerei auf.

Eileens Mutter war die 26. Baronin von Gray.

Diesen Wandschirm hat Eileen »Das Schicksal« genannt.

Die glatten und schimmernden Lackoberflächen faszinierten sie sehr. Je nach Lichteinfall kann so ein Möbel im tiefsten Schwarz erscheinen oder im hellsten Weiß.

1910 begann ihre Karriere als Designerin. Sie entwarf Wandschirme, Stühle, Tische, Schränke – alles kostbare, teure Einzelstücke. Manche ihrer Möbelentwürfe sahen japanisch aus, manche noch ein bisschen wie Jugendstil. Je mehr sie entwarf, desto einfacher und schlichter wurden ihre Möbel. Und damit war sie in den 1920er Jahren gestalterisch auf der Höhe der Zeit. Sie war in der »Moderne« angekommen.

Nach einem Besuch auf der Weltausstellung in Paris, wo sie ganz begeistert von der neuen Architektur des Jugendstils war, entschied sie, auch dort noch ein paar Jahre weiter zu studieren.

Als sie 1905 nach London übersiedelte, lernte sie die Herstellung von Lackmöbeln kennen und hatte damit ihren Beruf gefunden. Sie wurde Möbeldesignerin und spezialisierte sich auf Lackarbeiten.

Um 1920 lernte sie den rumänischen Architekten und Herausgeber der Architekturzeitschrift *L'Architecture Vivante* kennen: Jean Badovici.

Fast zu edel, um darauf zu sitzen: der Stuhl »Sirene«

Eileen kaufte ein Grundstück in Roquebrune an der französischen Mittelmeerküste. Hier baute sie ihr erstes Wohnhaus für sich und ihren Partner Jean. 1926 begann sie mit der Planung. Als Architekt half Jean ihr zwar ein wenig, aber der eigentliche Entwurf stammt von ihr. Das Grundstück liegt an einer steilen Felsküste mit schroffen Felsen, dichten Pinien und einer unglaublich schönen Aussicht auf das Meer und die Bucht von Monaco.

Um diesen Ausblick genießen zu können, hat Eileen den Hauptraum ihres Hauses auf seiner ganzen Breite verglast. Vom Tisch, vom Sessel, sogar vom Bett konnte sie nun auf das Meer schauen.

Für ihre Villa entwarf Eileen auch Möbel, die sie, wie das Haus mit einem Kürzel bezeichnete. So heißt der runde Beistelltisch *Table E.1027*.

E.1027? Der Name der Villa ist sehr ungewöhnlich. Er steht aber nicht etwa für eine Adresse, sondern ist ein Buchstaben- und Zahlencode. Das E steht selbstverständlich für den Vornamen Eileen. Die 10 für den Vornamen ihres Partners Jean, denn J ist der zehnte Buchstabe im Alphabet. Und so erklären sich auch die beiden anderen Zahlen. B ist der zweite Buchstabe im ABC und steht für den Nachnamen Badovici. Gray fängt mit G an, dem siebten Buchstaben.

Das große Wohnzimmer mit der breiten Fensterfront.

... UND IHRE VILLA E.1027

Jean Badovici war aber nicht der einzige Mann, der Eileen toll fand. Niemand geringerer als Le Corbusier – einer der größten Architekten des 20. Jahrhunderts – hatte offensichtlich auch eine Schwäche für sie. Um seine Zuneigung auszudrücken, hat er ihr fünf Wandbilder gemalt – allerdings ohne sie zu fragen. Eileen fand diese Überraschung aber gar nicht so gelungen und hat das Haus danach nie mehr betreten. Da sie ihr Haus ganz schlicht gestaltet hatte und nur die Farben Weiß, Grau und ein wenig Blau benutzte, waren ihr die Bilder vielleicht einfach zu bunt.

Beistelltisch E.1027

Corbusier vor seinem Wandgemälde.

ZAHA HADID...

Zaha Mohammad stammte aus dem Irak. Sie wurde 1950 in Bagdad geboren und hatte damit eigentlich sehr schlechte Chancen Architektin, zu werden. Denn die religiös-kulturelle Tradition in den arabischen Ländern sah diesen Beruf für Frauen nicht vor. Aber ihre Eltern führten einen westlichen Lebensstil – ihr Vater hatte in Großbritannien studiert und war sogar Finanzminister im Irak gewesen –, sodass Zaha gleichfalls studieren durfte.

Schon als Kind entwarf Zaha ihr eigenes Kinderzimmer neu, das dann auch tatsächlich von einem Schreiner nach ihren Ideen gebaut wurde. Ihre Schulzeit verbrachte sie

in einer von katholischen Nonnen geleiteten Klosterschule in Bagdad, später in einem Schweizer und einem englischen Internat. Mit elf Jahren wusste sie, dass sie Architektin werden wollte.

Von 1972 bis 1977 studierte sie Architektur an der *Architectural Association School* (AA) in London – der besten Hochschule für Architektur in Großbritannien.

Nachdem sie in einigen bekannten Büros gearbeitet hatte, gründete sie 1980 ihr eigenes Büro in Bagdad. Allerdings entstand ihre Architektur zunächst nur auf dem Papier. Ihre Entwürfe waren nämlich so ungewöhnlich und bizarr, dass sich keiner traute, sie tatsächlich auch zu bauen.

Ihre genialen Einfälle waren für viele einfach zu fantastisch: Bauteile schoben sich kreuz und quer übereinander, schief und schräg flogen die Balken, Träger, Wände und Decken nur so durch die Luft.

Ihre Gebäudeentwürfe sehen so aus, als ob sie fast einstürzen würden, als ob sie allen Regeln der Baukunst widersprechen wollten. Das war auch der Grund, warum sie 1988 zu einer Architekturausstellung in das *Museum of Modern Art* in New York eingeladen wurde. Denn auch andere Architekten bauten ähnlich – der Ausstellungsmacher nannte diese Art zu bauen »dekonstruktiv« und so wurde dieser Architekturstil lange »dekonstruktivistisch« genannt – schwieriges Wort!

Die Ausstellung »Deconstructivist Architecture« im Museum of Modern Art in New York, 1988

Entwurf für den Freizeitpark »The Peak« (Der Gipfel) in Hongkong, 1983 – wie alle ihre Entwürfe in den 1980er Jahren wurde auch dieser nicht gebaut.

Obwohl Zaha in der Fachwelt schon lange durch ihre spektakulären Zeichnungen bekannt war, hat es einige Jahre gedauert, bis sie 1993 ihr erstes Gebäude bauen durfte. Der Möbelhersteller *Vitra* beauftragte sie mit dem Bau einer Feuerwache auf seinem Firmengelände in Weil am Rhein.

Dieses vergleichsweise kleine, aber sensationelle Gebäude sorgte für Furore und von nun an ging ihre Karriere steil nach oben. Sie bekam immer mehr und immer größere Aufträge und gewann immer mehr Architekturwettbewerbe. Als erste Frau gewinnt sie im Jahr 2004 den Pritzker-Preis, den *Nobelpreis für Architektur*.

»Das Eismeer« von Caspar David Friedrich, 1824

Wie eine Eisscholle ragt das Dach der Feuerwache in den Himmel.

Die Stadt Wolfsburg ist eigentlich recht jung und vergleichsweise klein. Sie wurde 1938 als Standort des Automobilherstellers *Volkswagen AG* gegründet, sodass man sagen kann, ohne den *VW* gäbe es sie gar nicht.

Durch die Autofabrik ist die Stadt aber auch sehr wohlhabend geworden, denn Volkswagen zahlt der Stadt viel Gewerbesteuer. So konnte die Stadt ihren Bürgern auch ein großes Wissenschaftszentrum ermöglichen. Mit vielen Experimentierstationen und Versuchsaufbauten sollen naturwissenschaftliche Phänomene den Laien verständlich gemacht werden – daher auch der Name »Phaeno«.

Zaha wurde mit dem Gebäude beauftragt. Neben über 300 interaktiven Experimentierstationen sollte es auch Platz für wechselnde Sonderausstellungen geben.

Im Phaeno kann man beispielsweise einen über sechs Meter hohen Feuertornado und sprechende Roboter bewundern, man kann physikalische Experimente machen zu Gewicht, Magnetismus, Geschwindigkeit, Optik und vielem mehr. Für diese physikalischen Phänomene hat Zaha nun eine

Spielerisch und experimentell können naturwissenschaftliche Phänomene ausprobiert und nachvollzogen werden.

Das Gebäude erscheint wie eine aerodynamisch geformte Maschine.

… UND IHR WISSENSCHAFTSZENTRUM PHAENO

Architektur entworfen, die aussieht, als würde sie fließen oder sich bewegen. Das Phaeno-Gebäude wurde zwar in Stahlbeton gebaut, sieht aber trotzdem dynamisch aus, so als wäre eine strömende Flüssigkeit erstarrt.

Zaha hat ihre Art zu entwerfen seit ihrer Feuerwache stetig weiterentwickelt und so spricht man jetzt nicht mehr von dekonstruktivistisch, sondern von »parametrisch« oder »kinetisch«. Und parametrisch und kinetisch soll genau dieses Fließen und Strömen zum Ausdruck bringen.

Unter dem Gebäude, also da, wo der Besucher ankommt, hat er den Eindruck, wie in einem Strom durch das Gebäude geschleust zu werden.

Aber auch die Ähnlichkeit zu einem Motoren- oder Maschinenteil, das sich genau um eine innere technische Apparatur schmiegt, ist mehr als deutlich. Die konisch geformten Stützpfeiler, auf denen das Gebäude steht, sind auch nicht tatsächlich massiv, sondern hohl und verbergen verschiedene Funktionen wie ein Wissenschaftstheater oder ein kleines Restaurant. Auch im Innern verändern sich mit jedem Schritt die Perspektiven durch schräge Wände, abgerundete Ecken, schmale Sichtschlitze und schiefe Nischen. Man kann also im Phaeno nicht nur physikalische Phänomene erleben, sondern auch eine wirklich eindrucksvolle Architektur, die von vertrauten Seh- und Nutzungsgewohnheiten abweicht. Ein Augenöffner!

Das Phaeno sieht von jeder Seite anders aus.

FRANCINE HOUBEN ...

Mittlerweile ist Francine die Chefin von Mecanoo.

Mit der Auszeichnung »cum laude« – mit Lob – hat die 1955 geborene Francine ihr Diplom an der Technischen Hochschule Delft abgeschlossen. Den Entschluss Architektur zu studieren, fasste sie, als sie mit ihrem Bruder die große Modellhalle der Uni besucht hat. Von den vielen Architekturmodellen war sie so fasziniert, dass ihr Entschluss, Architektur zu studieren, schnell fest stand. 1984 gründete sie mit einigen anderen Architekten das Büro *Mecanoo*. Der Name ist eine Kombination aus drei Wörtern und kommt euch vielleicht ein bisschen bekannt vor:

1. Meccano – einem bekannten Technikbaukasten für Kinder.
2. Mécano – einem Kunstmagazin aus den 1920er Jahren, das von dem Künstler Theo van Doesburg herausgegeben worden war und
3. Ozoo – einem Namen für ein Wohnungsbauprojekt am Kruisplein, dem ersten realisierten Gebäude des Büros, das auf dem Gelände des früheren Rotterdamer Zoos errichtet wurde.

Die Meccano-Baukästen bestanden aus Metallelementen, die man zusammenschrauben konnte.

An den früheren Zoo erinnert hier nichts mehr, aber mit diesem Wohngebäude hat das Büro Mecanoo Furore gemacht.

Francines Gesamtwerk ist sehr umfangreich, denn sie hat schon so gut wie alle Bauaufgaben einmal bearbeitet: Universitäten, Bibliotheken, Theater, Wohnungsbau, Büros und Hotels und Museen.

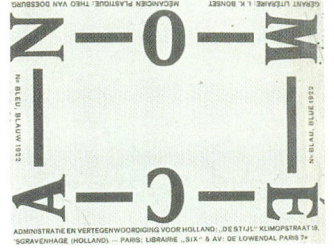

Wenn man die Zeitschrift einmal um ihre Mitte dreht, kann man den Namen lesen.

Mit Bibliotheken hat sie ihren größten Erfolg. Für ihre eigene Universität in Delft baut sie 1997 ein Bibliotheksgebäude, das unter einer Rasenfläche verschwindet und einen spitzen Kegel als Oberlicht hat. Sehr ungewöhnlich! Aber doch so gelungen, dass sie den Auftrag für eine weitere Bibliothek bekommt, nämlich die in Birmingham.

Mit dem Bibliotheksgebäude in Birmingham hat sie im Jahr 2014 den wichtigen *Stirling Preis* gewonnen – eine hohe Architektenauszeichnung in Großbritannien. Die Bibliothek ist eine Stapelung von unterschiedlich großen Quadern, die von einem goldfarbenen Zylinder gekrönt werden. Wenn man sich die Fassade genauer anschaut, erkennt man mehrere Raster von unendlich vielen Metallkreisen. Als Francine 2014 von dem *Royal Institute of British Architects* (RIBA) als Architektin des Jahres ausgezeichnet wurde, sagte sie unter anderem: »Es war eine große Ehre, die Bibliothek von Birmingham zu entwerfen. In der Architektur geht es um Teamwork, darum, effizient und visionär zugleich zu sein. Frauen sind besonders gut darin.«

Zurzeit befindet sich eine weitere Bibliothek im Bau: die *Martin Luther King Jr. Memorial Library* in Washington.

Am Rand der niederländischen Stadt Nimwegen sollte ein Business Innovation Center – also ein Bürogebäude – für das Elektronikunternehmen *Philips* entstehen. Nimwegen ist eine der ältesten Städte der Niederlande und hat ein historisches

Zentrum. Der Standort für das Bürogebäude liegt etwas außerhalb in der Nähe eines Stadtparks. Francine und ihr Büro Mecanoo haben für diese Bauaufgabe ein Hochhaus geplant. Das Hochhaus zählt 17 Stockwerke und ist damit 86 Meter hoch. Das Grundstück war eigentlich groß genug für eine flache Bebauung, aber mit dem Hochhaus wurde eine neue Landmarke gesetzt. Denn die historische Stadt hat nur zwei höhere Gebäude: die *Stevenskerk* und das Rathaus.

Das auffälligste Merkmal des Hochhauses ist sein »Knick«: Die ersten acht Geschosse haben einen Winkel von 10 Grad. Man fühlt sich sofort an den berühmten Schiefen Turm von Pisa erinnert. Allerdings scheint das Gebäude ab dem neunten Stockwerk dann doch gerade »weiter zu wachsen.« Beim *FiftyTwoDegrees* denkt man spontan: Das Hochhaus müsste eigentlich zur Seite fallen. Schaut man sich den Querschnitt des Gebäudes an, erkennt man, dass es sich nicht um einen trapez- und einen quaderförmigen Bauteil handelt, die einfach übereinandergestapelt sind.

Der Schiefe Turm von Pisa entstand durch das Absacken im weichen Untergrund.

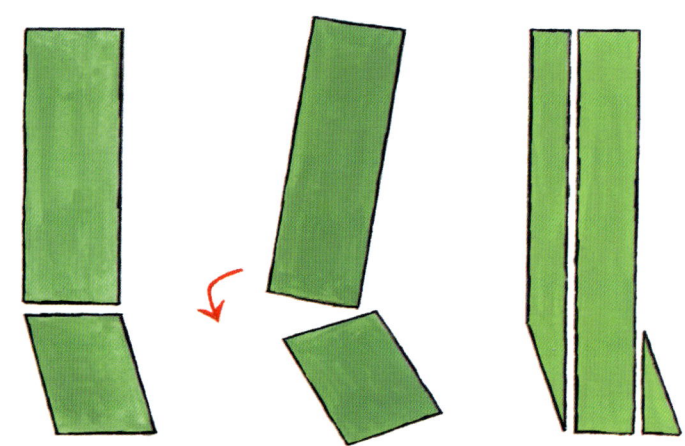

Die Fassade besteht aus einem Raster aus Rechtecken – mal sind diese Rechtecke Fenster, mal sind es Metallplatten in olivgrauen Farben. Wie die Fenster angeordnet sind, ist von Stockwerk zu Stockwerk verschieden. So ergibt sich ein unruhiges und scheinbar chaotisches Muster, aber das macht die Fassade so spannend.

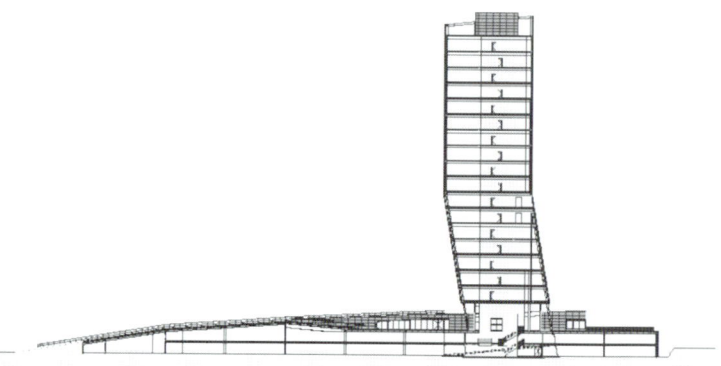

... UND IHR HOCHHAUS FIFTYTWODEGREES

Das Hochhaus liegt auf dem 52. nördlichen Breitengrad – daher der Name.

Das Hochhaus steht auf einem zweigeschossigen Sockel, in dem sich eine Parkgarage und zur Straße hin ein paar Geschäfte befinden. Der Sockel fällt aber kaum auf, da das Dach vollständig mit Gras bewachsen ist. Wie bei der Bibliothek der TU Delft wird der Sockel praktisch unsichtbar. Dadurch, dass das Dach des Sockels flach abfällt, sieht das Hochhaus auch noch viel schiefer aus, als es in Wirklichkeit ist – eine optische Täuschung.

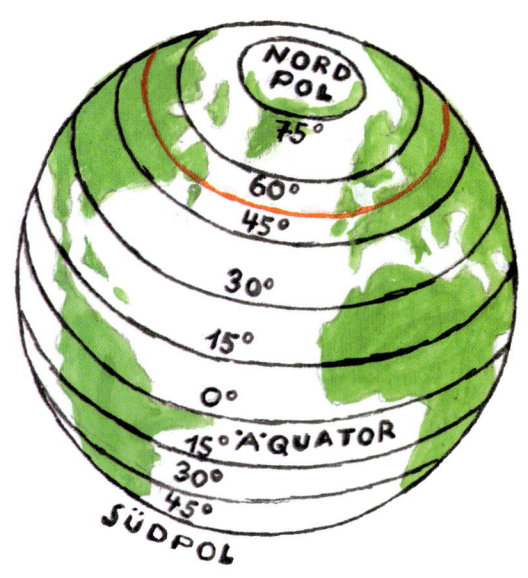

FRANÇOISE-HÉLÈNE JOURDA...

Gleich am Beginn ihrer Architektenkarriere gewann Françoise-Hélène Jourda den ersten europäischen Architekturwettbewerb für Solarenergie. Nachhaltigkeit und Sonnenenergie waren die Themen, die sie am meisten interessierten und standen bei allen ihren Entwürfen im Mittelpunkt.
Françoise wurde 1955 in Lyon geboren, wo sie auch Architektur studierte. Später entwarf sie sogar das neue Gebäude für die Architekturschule. In den ersten Jahren baute sie viele Sozialwohnungen und auch einige öffentliche Gebäude in Lyon. Ihre ersten Bauwerke entstanden gemeinsam mit Gilles Perraudin, mit dem Françoise bis 1998 zusammenarbeitete.

Gilles Perraudin

Jourda & Perraudin haben zunächst experimentiert: Sie haben Gebäude mit großen Dächern und gläsernen Hüllen gebaut. Damit haben sie auf ganz einfache Weise Sonne und Wärme »eingefangen« und für das Gebäude genutzt. Sie bauten auch gerne mit Holz und entwickelten baumförmige Stützen. Holz ist ein Baustoff, der nachwächst und wenn man sich die Struktur von Bäumen abschaut, kann man auch statisch einfacher bauen. Das alles sind Aspekte des »nachhaltigen« Bauens – also einer Architektur, die versucht, die Umwelt zu schonen und sowohl beim Bau als auch beim Betrieb eines Gebäudes nicht so viel Energie zu verbrauchen.

Der Bau der Akademie *Mont-Cenis* in Herne im Ruhrgebiet ist ein Beispiel für ihre Glashüllen, durch die, wie bei einem Gewächshaus, die Sonne als Energiequelle genutzt wird.

Das Gewächshaus in Bordeaux sieht aus wie ein Stapel Glascontainer.

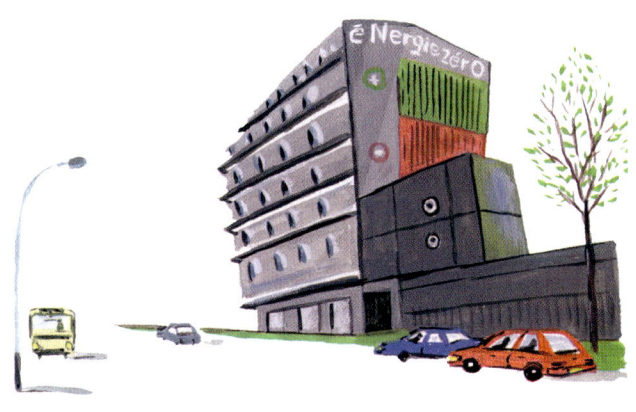

Der Name des *éNergie zérO* im Pariser Stadtteil Saint-Denis ist schon Programm: ein Nullenergiehaus.

In Deutschland hat Françoise neben dem französischen Pavillon der Expo in Hannover und dem »Experimentellen Haus« in Stuttgart die *Fortbildungsakademie Mont-Cenis* in Herne im Ruhrgebiet gebaut. Und dieser Bau verdeutlicht gut ihre Idee von Architektur: Auf einer Industriebrache hat sie praktisch eine »Mini-Stadt unter Glas« gebaut. In einer gläsernen Hülle, deren Holzdach von 56 Fichtenstämmen getragen wird, stehen acht Baukörper, eine Bibliothek, ein Bürgeramt, ein Restaurant und ein Versammlungssaal. In das Dach und die Südwestfassade wurde eine große Photovoltaik-Anlage eingebaut, also eine technische Vorrichtung, die Sonnenenergie in elektrische Energie umwandelt. Diese Photovoltaik-Anlage verschattet zusätzlich einige Bereiche im Innern, weil es sonst schnell viel zu warm würde – wie in einem Gewächshaus.

Bei solchen Glashäusern wundert es nicht, dass sie tatsächlich auch Gewächshäuser gebaut hat, nämlich für den Botanischen Garten in Bordeaux.

Françoise hat auch schon sehr früh an Hochschulen gelehrt und ihr Wissen vom nachhaltigen Bauen weitergegeben. Schon 1979 unterrichtete sie an ihrer eigenen Hochschule der *Ecole d'Architecture de Lyon*, später bekam sie auch Lehraufträge in Oslo (Norwegen), Minnesota (USA), London (Großbritannien) und Kassel in Deutschland. Zuletzt leitete sie dann die Fakultät für Architektur und Raumplanung an der Technischen Universität Wien, wo sie seit 1999 unterrichtete. Um ihr Lieblingsthema Nachhaltigkeit in der Lehre zu verankern, rief sie 2009 den Studenten-Wettbewerb »Blue Award für nachhaltige Architektur« ins Leben.

Was heißt eigentlich ZAC Pajol? ZAC steht für *zone d'aménagement concerté*, ein städtisches Gebiet, das für eine Neuentwicklung freigegeben wurde. Und Pajol bezeichnet hier einfach die Straße, wo sich dieses Gebiet befindet, die Rue Pajol. Es handelt sich um das Gelände einer alten Eisenbahnhalle aus dem Jahr 1926 im Pariser Stadtteil Chapelle, das nun eine neue Nutzung erhalten sollte.

Ganz in der Nähe des Gare de l'Est (Ostbahnhof) stand diese 140 Meter lange und 40 Meter breite Halle mit ihrem auffälligen Scheddach. Ein Scheddach oder auch Sägezahndach ist eine Konstruktion, bei der die Dachfläche gezackt wird. Die langen Seiten dieser Zacken sind ganz normal mit Ziegeln oder Wellblech gedeckt, die kurzen Seiten aber sind verglast und lassen Licht in die Halle darunter. Im Fabrikbau war das sehr praktisch, um möglichst viel Tageslicht in eine große Produktionshalle zu bekommen.

Françoise sollte dieses Gebiet also umplanen. Da sie bei ihren vorigen Entwürfen ja auch gerne mit großen Dachflächen gearbeitet hat, wollte sie dieses vorgefundene riesige Dach miteinbeziehen. Die Stahlkonstruktion war noch sehr gut erhalten und musste lediglich neu gedeckt werden. Alte Bauteile wiederzuverwenden ist bereits sehr nachhaltig, weil damit keine neuen hergestellt und verbaut werden müssen. Das spart Material und Energie. Natürlich hat Françoise auch hier wieder eine große Solaranlage mit eingeplant: Die Dachflächen

Wirklich schön war das alte Gebäude nicht, aber es hat fast hundert Jahre seine Umgebung geprägt.

der langen Zacken sind mit Solartafeln gedeckt. Hinzu kommt, dass das Regenwasser des Dachs aufgefangen und als sogenanntes »Brauchwasser« beispielsweise zur Toilettenspülung benutzt wird.

Und ganz ähnlich wie bei der *Akademie Mont-Cenis*, baute Françoise auch hier eine kleine Stadt unter dieses Scheddach. Das Bauprogramm sah nämlich eine Jugendherberge, einen Kindergarten, eine Bibliothek und einen Veranstaltungsraum vor, dazu noch Gärten mit vielen Teichen. Diese vielen Funktionen bringt sie alle in einem langen Riegel unter, der mit Holz verkleidet ist.

Das historische Portal der Frachtabfertigung ist erhalten geblieben.

...UND IHR ZAC PAJOL

Die Silhouette der alten Eisenbahnhalle ist immer noch da, darunter stehen jedoch Neubauten.

Anstelle der alten Gleise wurde ein Garten angelegt, der von langen Teichen durchzogen wird, die genauso breit sind wie die früheren Eisenbahnschwellen. Das Verwaltungsgebäude aus grauem Stein aus dem Jahr 1926 blieb erhalten und wurde saniert.

Letztendlich sieht der Neubau aus, als sei er unter das alte Scheddach geschoben worden, ganz wie die Züge, die hier früher in die Halle einfuhren. Nur dass mit der Bepflanzung und der Holzfassade das Ganze wesentlich freundlicher und einladender aussieht. Natürlich hat Françoise auch dieses Gebäude wieder so geplant, dass möglichst wenig Energie beim Betrieb verbraucht wird. Zusammen mit dem Strom, der aus der Solaranlage auf dem Dach gewonnen wird, produziert das ZAC Pajol sogar mehr, als es verbraucht. Es ist also ein Plusenergiehaus. Das ZAC Pajol wurde im Jahr 2015 eingeweiht. Vielleicht übernachtest Du ja dort irgendwann einmal in der Jugendherberge.

MARGARETE SCHÜTTE-LIHOTZKY...

Margarete Lihotzky wurde 1897 in Wien geboren. Zu dieser Zeit war Wien noch die Hauptstadt der Österreichisch-Ungarischen Monarchie, die auch k. und k. (kaiserliche und königliche) Doppelmonarchie genannt wird. Sie wurde quasi in einer alten Zeit geboren und gestaltete aber mit ihren Entwürfen eine neue Zeit ganz maßgeblich mit: die Moderne.

Ihr Vater war Staatsbeamter und die Familie damit etwas besser gestellt, sodass Margarete es sich leisten konnte, privaten Malunterricht zu nehmen. Sie entschied sich für eine künstlerische Laufbahn, was damals schon ein ungewöhnlich mutiger Schritt war. Zwei Jahre besuchte sie die *K. u K. Lehr- und Versuchsanstalt.*

1918 wird aus dem Kaiserreich eine Republik.

Kunstgewerbeschule in Wien (heute die Akademie der Bildenden Künste).

Das war eine Berufsschule für Fotografie und Grafik, wo sie lernte, wie man Bilder und Fotos reproduziert und Druckvorlagen herstellt. Aber Margarete wollte mehr: 1915 – mitten im Ersten Weltkrieg – schrieb sie sich an der K. K. Kunstgewerbeschule für das Fach Architektur ein. Damit war sie die erste Frau in Österreich, die dieses Studium aufnahm und auch die erste Frau, die es 1918 erfolgreich abschloss.

Seit 1921 arbeitete sie als selbstständige Architektin in Wien. Für eine Siedlungsgenossenschaft entwickelte Margarete erste Kochnischen und Spülkücheneinrichtungen. Diese Kücheneinrichtungen entwarf sie aus Betonguss, damit sie stabil sind und industriell hergestellt werden konnten. Im Siedlungsamt der Stadt Wien sammelte sie weitere Erfahrung bei der Planung von Wohnungen für die unteren Bevölkerungsschichten.

Siedlung Bruchfeldstraße in Frankfurt.

Im Februar 1926 wurde Ernst May auf sie aufmerksam. May war der Leiter des großen Siedlungsbauprogramms des *Neuen Frankfurt*. Unter ihm entstanden mit völlig neuen Konstruktions- und Planungsmethoden tausende Wohneinheiten für die Arbeiterschaft und die Mittelschicht. Seine Mitarbeiter versuchten, mit wenig Geld und Aufwand schöne und helle Wohnungen zu errichten. Alles sollte praktisch und funktionell sein. Ernst May berief Margarete also nach Frankfurt, wo sie nun für das Siedlungsbauprogramm eine Kleinstküche entwerfen sollte, die dann hundertfach in die neuen Wohnungen eingebaut werden sollte.

Unter Ernst May gab es eine Abteilung für Normung und Typisierung, die sich damit beschäftigte, Ausstattungsdetails und Möbel zu planen,

Ernst May, der Leiter des Stadtbauamtes in Frankfurt.

35

Arbeitsorganisation à la Henry Ford

Speisewagenküche der *Mitropa*-Speisewagen.

die dann immer wieder Verwendung finden. Damit konnte beim Bau der Wohnungen enorm viel Geld eingespart werden. Die Küchen der damaligen Zeit waren relativ groß, weil hier auch Wäsche gewaschen und gebadet wurde. Da es nun eigene Bäder und Waschküchen geben sollte, wurde in der neuen Küche nun ausschließlich gekocht. Margarete schaute sich genau an, welche Handgriffe und Wege eine Hausfrau im Alltag erledigte. Dabei stellte sie fest, dass die Hausfrau viel zu viel laufen, sich bücken oder strecken musste. Dauernd musste man etwas hervorholen und wieder verstauen.

Die Küchen in den Speisewagen der Eisenbahn waren das Vorbild für Margaretes Entwürfe. Hier war alles auf kleinstem Raum untergebracht und so verstaut, dass jeder Kubikzentimeter Platz genutzt war. Ganz so eng musste es in ihrer Küche nun doch nicht sein. Aber die Idee mit den Hängeschränken fand sie genial. Und Margarete schaute sich an, wie in Amerika die Arbeit in den Fabriken des Autoherstellers Henry Ford organisiert wurde. An Fließbändern verrichteten die Arbeiter immer nur wenige Handgriffe, wodurch sie sich nicht viel bewegen mussten. Alle Werkzeuge und Materialien waren in greifbarer Nähe, um in einem hohen Tempo zu produzieren. Genauso sollte ihre neue Küche funktionieren. Die Hausfrau sollte sämtliches Geschirr und Besteck, alle Vorräte und die Speisen mit wenigen Bewegungen erreichen. Das meiste sollte in Hängeschränken untergebracht sein, damit man sich nicht bücken musste. Der Herd sollte elektrisch sein, um das umständliche Feuermachen zu sparen. Zucker, Salz, Mehl, Grieß und andere Speisen wurden in Schütten aufbewahrt. Am Griff zog man diese Schütten

... UND IHRE FRANKFURTER KÜCHE

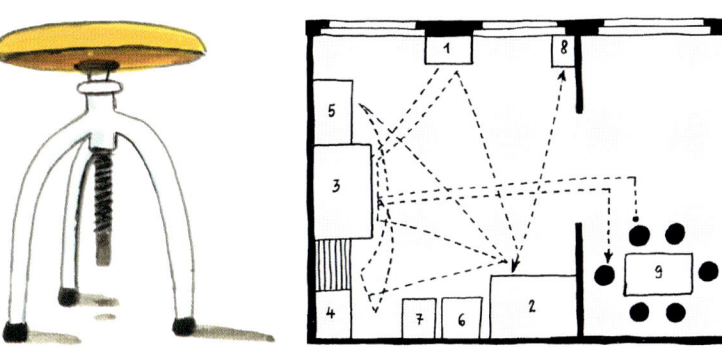

aus dem Regal und kann durch den spitzen Ausguss sehr gut portionieren. Die Küche war nur sechseinhalb Quadratmeter groß – also ungefähr dreimal so groß wie Dein Bett!

Margaretes Frankfurter Küche ist praktisch die Mutter aller Einbauküchen und hat die Hausarbeit revolutioniert. Mit dieser Küche wurde die Hausfrau ganz wesentlich entlastet und hatte nun mehr Zeit für sich und ihre Familie.

Apropos: Im Planungsbüro von Ernst May hat Margarete den Architekten Wilhelm Schütte kennengelernt, den sie 1927 heiratete.

MARTHA SCHWARTZ...

Martha Schwartz ist Landschaftsarchitektin und entwirft Gärten, Parks, Grünflächen und auch öffentliche Plätze. Bekannte Landschaftsarchitektinnen gibt es nach wie vor sehr, sehr wenige und bis auf Martha Schwartz auch keine, die international bekannt geworden wäre.

Martha wurde 1950 geboren und studierte an der Universität Michigan zunächst Freie Kunst. Nach ihrem Abschluss 1973 beschloss sie, an der *Harvard Graduate School of Design* in Cambridge noch ein Studium der Landschaftsarchitektur dranzuhängen. 1977 beendete sie auch dieses Studium und trat danach in das Büro ihres Ehemanns Peter Walker ein, seit 1990 aber arbeitet sie selbstständig unter ihrem eigenen Namen.
Durch ihr Kunststudium wurde sie von zwei Kunstformen ganz maßgeblich beeinflusst: Land Art und Pop Art.

Pop Art ist eine Kunstrichtung in der Malerei und Skulptur, die Mitte der 1950er Jahre in England und den USA entstand. Die Pop Art-Künstler entnahmen gerne Motive der Alltagskultur, der Welt des Konsums, der Massenmedien und der Werbung, um sich kritisch mit ihnen auseinanderzusetzen. Andy Warhol und Roy Lichtenstein gelten als die bekanntesten Pop Art-Künstler. Warhols grellfarbene Siebdrucke sind weltberühmt.

Andy Warhols »Campbell's-Dose«

Land Art ist eine Kunstströmung, die Ende der 1960er Jahre in den USA entstand und die Landschaften und geografische Räume in Kunstwerke umwandelte. Bekannte Vertreter sind Walter de Maria, Richard Long und Robert Smithson. Smithson hat beispielsweise am Ufer des Großen Salzsees in Utah, USA eine große Spirale aus Wackersteinen aufgeschüttet – ein wirklich gigantisch großes Kunstwerk.

Marthas Spaß und Freude am Entwerfen sieht man den Gärten, Parks und Plätzen regelrecht an: Sie sind bunt, witzig und ungewöhnlich, sie folgen keinen Regeln und können auch mal mit Kunststoffpflanzen auskommen, sie haben oftmals eine Pointe und lassen den Betrachter schmunzeln.

Sie kann auch da Gärten planen, wo eigentlich gar keine sein können, wie etwa der »Slice Garden« (Stückchengarten) auf dem Dach eines Forschungsgebäudes für Biomedizin. Es ist nicht mal eine Dachterrasse sondern eigentlich einfach nur eine Betonkiste, aus der Martha einen Garten gemacht hat. Der eine Teil bezieht sich auf die Barockzeit mit Hecken, die in geometrische Formen geschnitten sind, während der andere mit grünen Kieselsteinen, die zu Kreisen und Wellen gerecht werden, an japanische Steingärten erinnert. Die Wände sind grün angemalt und danach mit Pflanztöpfen mit Bäumchen behängt, sodass jeder merkt, dass hier nicht alles ernst gemeint ist.

Gleichfalls etwas ironisch ging Martha bei der Grünflächengestaltung des Einkaufszentrums »The Citadel« (Die Zitadelle) vor. Das Einkaufszentrum wurde auf dem Gelände eines ehemaligen Reifenherstellers eingerichtet, wo ein Gebäude aus den 1920er Jahren steht, das wie ein assyrischer Tempel aussieht. Martha hat hier auch verschiedene Motive kombiniert: Die strenge rechtwinklige Anordnung der Palmen verweist auf Gärten des antiken Assyrien. Die Palmen stehen auf einem schachbrettartigen Raster. Eingefasst werden sie mit weißen Kringeln, die wiederum auf die Geschichte des Grundstücks verweisen, als hier noch Autoreifen hergestellt wurden. »Aber Autoreifen sind doch schwarz und nicht weiß!« wundern sich die Besucher seitdem belustigt.

Martha hat aber noch viele weitere Parks und Grünflächen entworfen. Sie sind alle grundverschieden und folgen jeweils einer ganz eigenen Idee.

Die »Spiral jetty« (Spiralmole) des Land Art-Künstlers Robert Smithson am Großen Salzsee in Utah, USA

Ein schönes Detail des »Slice Garden«: ein Buxbaum an der Wand, der von einem Seil festgehalten wird.

Autoreifen sind doch eigentlich schwarz? Martha möchte mit ihren Gärten auch Fragen aufwerfen.

Das Hafenviertel von Dublin um 1870

Dublin, die Hauptstadt Irlands, ist eine alte Hafenstadt. Wie in so vielen Hafenstädten wurden auch hier Hafenbecken mit ihren heruntergekommen Lagergebäuden, Mühlen und Silos neu entwickelt. Die alten Kaimauern zum Anlegen der Schiffe wurden aufgegeben, baufällige Gebäude abgerissen und die Grundstücke neu bebaut. Jetzt sind diese Grundstücke direkt am Wasser sehr attraktiv und beliebt.

Im Jahr 2007 wurde der *Grand Canal Dock* (der Große Kanalhafen) umgeplant. Es wurden viele neue Bürogebäude, ein Hotel und ein Theater errichtet. Das Theatergebäude, das *Bord Gáis Energy Theatre*, hat Daniel Libeskind im dekonstruktivistischen Stil entworfen. Schiefe und schräge Dachflächen, Fenster und Wände lassen das Gebäude aussehen als ob es fast einstürzen würde. Für die große Fläche vor dem Hotel- und

Das Theatergebäude von Daniel Libeskind.

Der »rote Teppich«, der vor dem Theater ausgerollt wird, dazu ein grünes Band mit

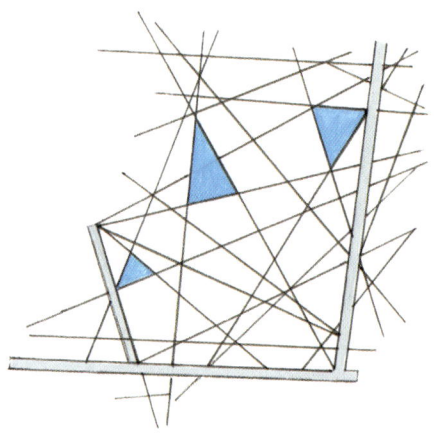

Hochbeeten, drei dreieckige Brunnen und ein Wegenetz

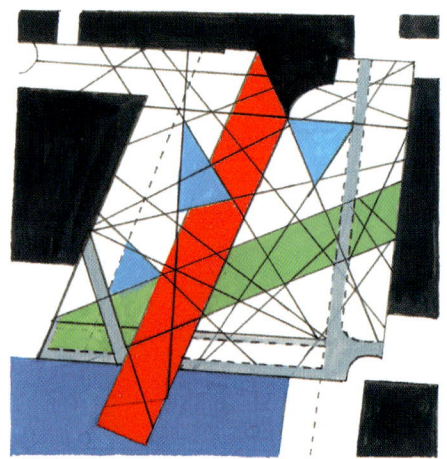

ergeben zusammen den Grand Canal Square.

... UND IHR GRAND CANAL SQUARE

dem Theatergebäude kam nun Martha ins Spiel. Sie sollte einen neuen, modernen Platz entwerfen. Dabei ließ sie sich von den schiefen und schrägen Linien des Theaters inspirieren.

Als erstes legte sie eine rote Fläche diagonal über den Platz, die wie ein roter Teppich vor einem Theater ausgerollt wird und als Steg ins Hafenbecken ragt. Auf diesem roten Streifen stehen genauso rote Lichtmasten, die aussehen wie riesige Schilfrohre, die sich im Wind biegen. Dann kreuzte sie die rote Fläche mit einem grünen Band, das aus Hochbeeten für Rasenflächen, Blumen und Sträucher besteht. Nachts werden diese Hochbeete neongrün und die Lichtmasten knallrot angestrahlt. Somit ist ihr Gestaltungskonzept auch in der Nacht zu erkennen. Über dem Ganzen liegt dann ein dichtes Netz von dunklen Streifen, die verschiedene

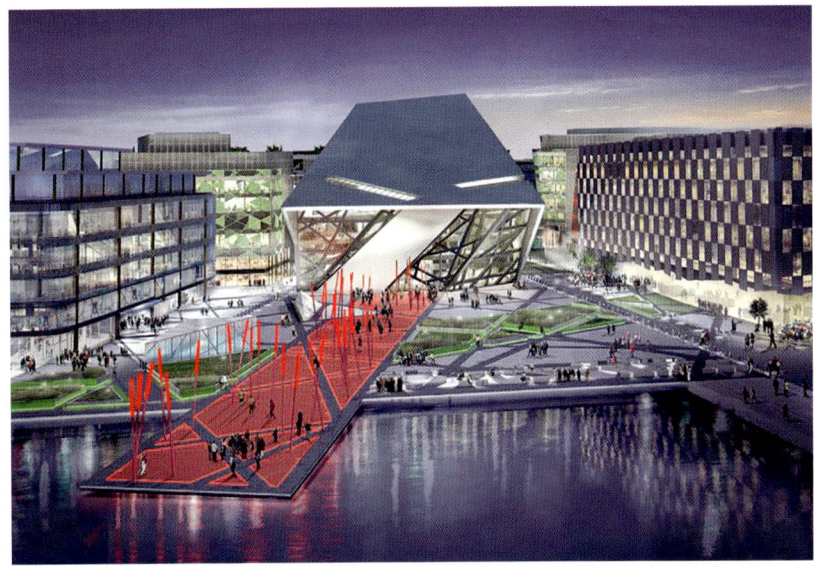

Punkte des Platzes mit Wegen verbinden. Es zeigt symbolisch, wie man kreuz und quer über den Platz geht. Dieses Netz ergibt viele Dreiecke. Aus drei solcher Dreiecke hat Martha dann Wasserflächen und Brunnen gemacht. Heute kann man sich gar nicht mehr vorstellen, dass hier einmal düstere Fabrikgebäude und fensterlose Silos standen. Ein völlig neuer Stadtteil ist entstanden und der Grand Canal Square ist sein lebendiges Zentrum.

Einen Platz mit so grellen Farben hat man wirklich noch nicht gesehen!

KAZUYO SEJIMA...

In Japan gibt es eine ganz besondere Universität: Im Jahr 1901 hat der Unternehmer Jinzo Naruse in Tokio nämlich die »Nihon Joshi Daigaku« – die Japanische Frauenuniversität gegründet. Während in Deutschland zu dieser Zeit Frauen gerade mal zum Studium zugelassen wurden, konnten sie hier bereits auf ihrer eigenen Hochschule lernen – Männer waren nur als Professoren erlaubt. Naruse war damit ein Pionier bei der Durchsetzung der Gleichberechtigung von Männern und Frauen.

Die Japanische Frauenuniversität, 1925

An dieser Hochschule hat die 1956 geborene Kazuyo Sejima studiert und 1981 ihr Diplom in Architektur gemacht. Diese Schule hat sie offensichtlich mit viel Selbstbewusstsein ausgestattet, denn nachdem sie einige Jahre in einem Architekturbüro gearbeitet hat, macht sie sich 1987 selbstständig.

Seit 1995 führt sie zusammen mit ihrem früheren Angestellten Ryue Nishizawa das Architekturbüro *SANAA* in Tokio. SANAA ist die Abkürzung für *Sejima And Nishizawa And Associates.* Ryue ist zehn Jahre jünger als Kazuyo.

Es scheint fast so, als ob Kazuyo eine Vorliebe für das Quadrat hat oder zumindest für Rechtecke. Denn das erste Bauwerk, das sie realisiert, ist das Kulturzentrum Almere, das auch schon eine Komposition aus mehreren Quadern und Würfeln darstellt.

Und auch bei ihrem ersten, aber leider nicht ausgeführten Entwurf für das Museum für zeitgenössische Kunst in Sydney spielt das Quadrat eine wichtige Rolle: Hier sind es mehrere quadratische Stockwerke, die so aussehen, als ob sie den Hang herunterfließen.

Irgendwie bekommt man Lust, die verschobenen und verrutschten Quadrate des Museums in Sydney wieder ordentlich übereinanderzulegen.

Das erste größere Bauwerk von SANAA: das Kulturzentrum »de Kunstlinie« in Almere, NL

43

In unmittelbarer Nähe zum Industriedenkmal »Zeche Zollverein« sollte ein Gebäude für eine Privathochschule errichtet werden.

Eine Zeche ist ein Steinkohlebergwerk, von denen es vor allem im Ruhrgebiet sehr viele gab. Weil der Abbau in den Tiefen der Erde aber zu teuer wurde, lohnte sich die Kohleförderung nicht mehr und so begann Mitte der 1980er Jahre das sogenannte »Zechensterben«. Als eine der größten sollte die Zeche Zollverein in der Stadt Essen jedoch als Denkmal erhalten bleiben.

Zwar war der hohe Förderturm schon auffällig genug und weithin sichtbar, doch bei der Umplanung des Zechengeländes wollte man einen zusätzlichen Publikumsmagneten.

Der Neubau der »Zollverein School of

Zeche Zollverein – eine Zeche ist ein Steinkohlebergwerk.

Die unregelmäßig gesetzten Fenster lassen keine Rückschlüsse auf die Stockwerke im Gebäude zu.

Management« sollte das Wahrzeichen für das museale Zechengelände werden. Für dieses Hochschulgebäude wurde ein Architekturwettbewerb durchgeführt, den SANAA gewinnen konnte.

Kazuyo und Ryue haben wieder einen Würfel zum Ausgangspunkt ihres Entwurfs genommen.

Der Würfel hat eine Kantenlänge von je 35 Metern. Zuerst sahen sie ein feinmaschiges Netz von 3500

... UND IHR ZOLLVEREIN-KUBUS

kleinen Fenstern vor, die den Würfel durchlöcherten. Bei der Überarbeitung wurden daraus 132 Fenster in vier unterschiedlichen Größen – aber alle annähernd quadratisch. So entstand eine gepixelte Fassade.

Damit die Idee der Pixelfenster erhalten bleibt, wurden auch die Türöffnungen wie die Fenster gestaltet. Sie sind alle quadratisch und unterscheiden sich nicht von den Fenstern. Nur durch die Kieswege, die auf sie zuführen, erkennt man die Türen.

So sah der Wettbewerbsentwurf aus.

Durch die unterschiedlichen Fenstergrößen und ihre unregelmäßige Anordnung kann man gar nicht die dahinter liegenden Stockwerke erahnen. Der Zollverein-Kubus wirkt dadurch mehr wie eine Skulptur als ein Gebäude.

Das 2006 fertiggestellte Hochschulgebäude umfasst Vorlesungssäle, Unterrichtsräume, Büros und eine Bibliothek. Allerdings zog der Nutzer, die Zollverein School of Management, bald wieder aus dem Gebäude aus und eine andere Hochschule zog ein: die *Folkwang Universität der Künste.*

Kazuyo und Ryue haben schon viele Preise gewonnen. Im Jahr 2010 durften sie auch die Biennale in Venedig leiten – das ist eine große und wichtige Architekturausstellung. Im selben Jahr wurde SANAA sogar mit dem Pritzker-Preis ausgezeichnet. Das ist der höchste und wichtigste Preis in der Architektur – so etwas wie der Nobelpreis der Baukunst.

LOTTE STAM-BEESE ...

Lotte Beese hat am *Bauhaus* studiert – der berühmtesten und wichtigsten Schule für Architektur und Design im 20. Jahrhundert. Das Bauhaus wurde nach dem Ersten Weltkrieg 1919 gegründet. Nicht nur das Lehrkonzept war völlig neuartig, sondern auch die Zulassung von Frauen zum Studium und das sogar ohne Reifezeugnis. Wie viele Frauen nur darauf gewartet hatten, zeigen die Einschreibelisten der ersten Jahre:

1919: 84 Frauen – 79 Männer
1922: 52 Frauen – 95 Männer
1924: 34 Frauen – 68 Männer

An keiner Hochschule zwischen den Weltkriegen studierten so viele Frauen wie am Bauhaus.

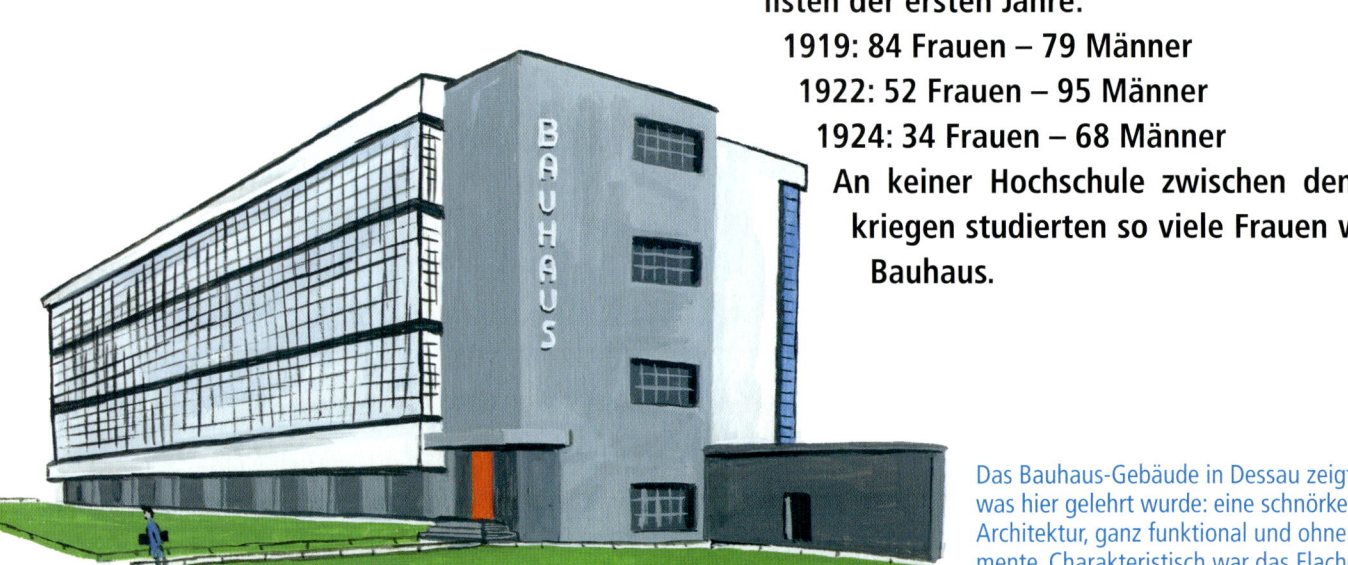

Das Bauhaus-Gebäude in Dessau zeigt genau, was hier gelehrt wurde: eine schnörkellose Architektur, ganz funktional und ohne Ornamente. Charakteristisch war das Flachdach statt eines spitzen Daches.

»Kein Unterschied zwischen schönem und starkem Geschlecht. Absolute Gleichberechtigung, aber auch absolut gleiche Pflichten. Keine Rücksicht auf Damen, in der Arbeit alle Handwerker.« Diese vollmundige Ansage des Bauhaus-Direktors Walter Gropius blieb im Lehrbetrieb leider Theorie. Tatsächlich wurden die meisten Frauen in der Weberei ausgebildet. Aus der Architekturklasse wurden die Frauen verdrängt und nur eine Handvoll konnte hier abschließen.

Das trifft auch auf Lotte Beese zu, die von 1926 bis 1928 am Bauhaus in Dessau eingeschrieben war. Hier studierte sie bei dem zweiten Direktor Hannes Meyer, mit dem sie auch eine Liebesbeziehung einging.
Um praktische Erfahrung in einem Architekturbüro zu sammeln, verließ sie das Bauhaus – ohne einen Abschluss. Sie arbeitete in verschiedenen Büros in Berlin und in der tschechischen Stadt Brünn.

Der Bauhaus-Direktor Hannes Meyer war in der Zwischenzeit nach Moskau gegangen. Die Sowjetunion suchte Experten wie ihn für ihre ehrgeizigen Wohnungsbauprojekte. Viele deutsche Architekten waren von den Aufgaben, die dieser junge kommunistische Staat für sie bereithielt, fasziniert und brachten ihre Fähigkeiten in der Sowjetunion ein. Der Frankfurter Siedlungsplaner Ernst May siedelte sogar mit seinem gesamten Büro über und baute dort ganze Städte.

Hannes Meyer schrieb Lotte einen Brief und bat sie nach Moskau zu kommen und ihn zu unterstützen, obwohl er sich trotz des inzwischen geborenen Sohnes nicht von seiner Frau trennen wollte.
Sie ging wieder nach Brünn zurück. In den nächsten Jahren hatte sie es sehr schwer, denn das Kind von Hannes Meyer musste sie alleine erziehen und auch den Unterhalt einklagen. Zu allem Überfluss wurde sie in der Tschechoslowakei als kommunistische Spionin verdächtigt.

Viele Studentinnen auf der Bauhaus-Treppe in Dessau.

Mart Stam auf dem von ihm entworfenen Freischwinger.

47

1932 entschied sie also wieder in die Sowjetunion zu gehen – diesmal in die ukrainische Hauptstadt Charkow. Hier traf sie den Architekten Mart Stam wieder, den sie schon aus Moskau kannte. Die beiden werden ein Paar, heiraten 1934 und siedeln im selben Jahr nach Holland über. Obwohl sie mittlerweile schon so viel Erfahrung im Städte- und Siedlungsbau gesammelt hatte, wollte sie unbedingt ihren Studienabschluß nachholen. Im Alter von 37 Jahren studiert sie in Amsterdam noch ein mal Architektur. 1944 schloss sie mit Diplom ab und konnte nun endlich ihr eigenes Büro aufmachen.

Die Altstadt von Rotterdam war komplett zerstört.

Die niederländische Großstadt Rotterdam war durch die Bombardierung der deutschen Luftwaffe 1940 fast vollständig zerstört. Nach dem Krieg musste die Stadt wieder aufgebaut werden. Die Wohnungsnot war nach dieser Zerstörung sehr groß: 80.000 Menschen brauchten ein festes Dach über dem Kopf.

Durch die großflächige Zerstörung konnten beim Wiederaufbau der Stadt völlig neue Planungsideen verwirklicht werden. Es gab keine Einschränkungen durch historische Bebauungen.

Im Jahr 1949 wurde Lotte Stam-Beese mit der Planung des neuen Stadtviertels Pendrecht beauftragt. Sie plante also nicht nur ein Haus oder einen Wohnblock, sondern ein ganzes Stadtgebiet mit Straßen, Grünflächen, Wohngebäuden und Geschäftshäusern.

Lotte wollte weite, offene Straßen mit viel Grün. Damit kam sie der Forderung nach mehr »Licht, Luft und Sonne« nach, die in den 1920er Jahren formuliert worden war. Die engen und dichten Wohnverhältnisse, wie sie in der mittelalterlichen Stadt Rotterdams geherrscht hatten, wollte sie nicht wiederholen.

Verschiedene Bevölkerungsschichten sollten hier miteinander leben. Deshalb hat Lotte unterschiedliche Wohnbauten geplant: Reihenhäuser, Mehrfamilienhäuser und Wohnblocks.

Die höchsten Wohngebäude haben gerade mal vier Stockwerke – damit ist Pendrecht nicht sonderlich dicht bebaut. Durch die gemeinsame Nutzung der Grünflächen und der übrigen Infrastruktur sollten sich die verschiedenen Bevölkerungsschichten als gemeinsame Nachbarschaft erleben können.

… UND IHR STADTVIERTEL PENDRECHT

Reihenhäuser neben Wohnblöcken

Wie am Bauhaus haben die meisten Bauten der Siedlung Flachdächer und auch sonst keine überflüssigen Ornamente und Dekors. Alles ist ganz sachlich und funktional gestaltet.

Durch die vielen Ladengeschäfte und Pavillons gab es in Pendrecht für den täglichen Bedarf alles zu kaufen. Es gab eine eigene Kirche, eine Schule und viele andere städtische Funktionen. Die Bewohner mussten das Viertel eigentlich nicht verlassen, außer für kulturelle Aktivitäten im Zentrum oder für besondere Einkäufe. Pendrecht war damit so etwas wie eine kleine Stadt in der Stadt.

Ladenzeilen und kleine Pavillons mit Läden.

BENEDETTA TAGLIABUE ...

Benedetta Tagliabue lebt und arbeitet zwar in Barcelona – also Spanien –, geboren wurde sie aber in Mailand. In Italien hat sie auch studiert und an der Universität Venedig hat sie 1989 ihr Diplom gemacht.

Zwei Jahre später gründete sie zusammen mit dem spanischen Architekten Enric Miralles das Architekturbüro *EMBT* – das sind ihre Initialen Enric Miralles und Benedetta Tagliabue. Die beiden waren ein Paar und heirateten auch. Mit ihren Entwürfen hatten sie großen Erfolg, sie gewannen Wettbewerbe und bekamen Aufträge für große Gebäude wie beispielsweise das Rathaus in Utrecht, eine Musikschule in Hamburg oder Wohnanlagen in Spanien und den Niederlanden.

Dann passierte etwas Furchtbares: Im Juli 2000 starb Enric unerwartet im Alter von nur 45 Jahren. Neben all der Trauer musste Benedetta das gemeinsame Architekturbüro

Enric Miralles

Das Erweiterungsgebäude des Rathauses in Utrecht in den Niederlanden.

Für das neue Wohngebiet *Diagonal Mar* in Barcelona haben Enric und Benedetta einen Park mit vielen Seen, Hügeln und Brücken entworfen.

nun alleine weiterführen. Den Namen des Büros behielt sie bei. Viele Aufträge, die sie gemeinsam begonnen haben, bringt sie zu Ende, aber auch neue folgten.

Den Auftrag für das Erweiterungsgebäude des Rathauses in Utrecht haben Enric und Benedetta noch zu zweit fertiggestellt. 1999 wurde es eingeweiht. Eigentlich sieht es so aus, als ob da drei Erweiterungsgebäude stehen würden. Man hat den Eindruck, das Ensemble sei über die Jahre hinweg »gewachsen«. Das war auch die gestalterische Absicht, denn mit diesen scheinbar vielen Gebäuden sollten die Vielseitigkeit und Kleinteiligkeit der Stadt Utrecht verbildlicht werden.

Einige Bauaufgaben kommen wirklich sehr, sehr selten vor und sind auch den größten Architekten nicht vergönnt. Dazu gehören beispielsweise Parlamentsgebäude, denn eigentlich haben alle westlichen Demokratien ja schon Volksvertretungen. Da sich Schottland erst vor ein paar Jahren von Großbritannien etwas unabhängiger machen wollte, brauchte es natürlich ein neues Parlamentsgebäude. 1998 war ein Architekturwettbewerb durchgeführt worden, den Enric und Benedetta gewonnen haben. Es steht etwas am Stadtrand von Edinburgh und verbindet die Stadt mit der umliegenden Landschaft. Im Jahr 2004

Das schottische Parlament in Edinburgh.

konnten die schottischen Abgeordneten ihr Parlament beziehen.

In spanischen Städten gibt es viele Märkte, die als feste Gebäude errichtet wurden. Wegen der großen Hitze ist es wichtig, die verderblichen Waren an einem schattigen, kühlen Ort zum Verkauf anzubieten. In Barcelona, im Stadtteil La Ribera, steht schon seit dem Jahr 1848 der Markt Santa Caterina und war damit der erste fest überdachte Markt der Stadt. Er besteht aus einem steinernen Eingangsgebäude und mehreren Hallen aus einer Stahlkonstruktion. Das Eingangsgebäude hat eine Arkade mit vielen Rundbögen.

Enric und Benedetta wurden mit einem Umbau beauftragt. Die beiden planten aber nicht nur eine Erneuerung des Marktes, sondern bauten ein kleines Museum mit ein, das die Geschichte des Marktes erzählt.

Das farbenfrohe gewellte Dach ist das auffälligste Merkmal der Umgestaltung von 1997 bis 2004. Wie kam es zu den Farben? Die beiden haben sich von dem Obst und Gemüse, das dort zum Verkauf angeboten wird, inspirieren lassen. Die kräftigen Grün-, Gelb-, Rot- und Orangetöne wollten sie nun auf die Dachlandschaft übertragen. Eine Collage von Fotos lösten sie nun in größere sechseckige Farbflächen auf. Die Sechsecke wurden dann nochmals in sechseckige Keramikfliesen unterteilt. Insgesamt wurden 325.000 Keramikfliesen mit über 60 Farben auf das wellige Dach montiert.

Der Santa Caterina Markt vor dem Umbau, 1980er Jahre

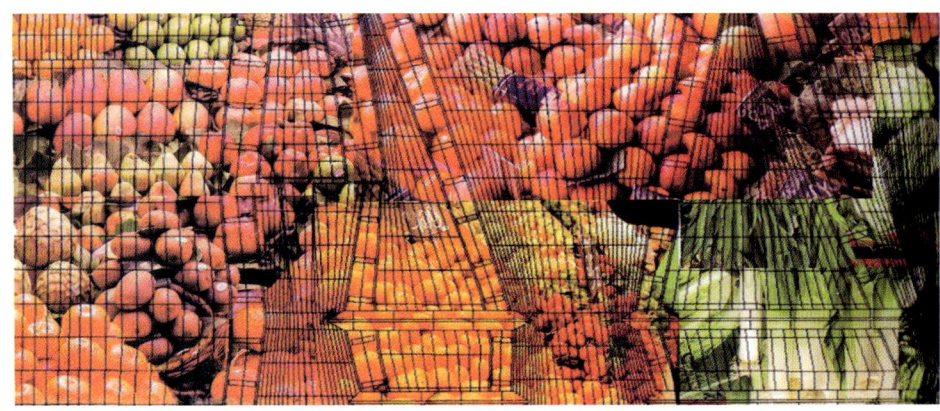

Mit einer Fotocollage wurden die Farbflächen auf dem Dach eingeteilt.

... UND IHR SANTA CATERINA MARKT

Das Dach reicht weit über das Eingangsgebäude hinaus und verschattet auch den Vorplatz des Marktes. Am besten haben es die Anwohner in den oberen Stockwerken, die sich an der farbigen Dachlandschaft erfreuen können.
Die Fassade der Rückseite ist mit Holzlamellen verkleidet, die ganz unregelmäßig angebracht sind. Die Unterseite des Daches ist gleichfalls aus Holz und so passt die Fassade gut dazu. Durch die Lamellen kann noch ein wenig Tageslicht in die Markthalle fallen – wenn die Sonne sehr tief steht, versteht sich.
Seit dem Umbau ist der Santa Caterina Markt eine Sehenswürdigkeit in Barcelona.

Die Farben von Obst und Gemüse auf dem Dach.

Die Fassade ähnelt einer Sammlung zusammengenagelter Fensterläden.

53

DIE GESELLSCHAFT DER FREUNDE DES DEUTSCHEN ARCHITEKTURMUSEUMS E.V.

LUST AUF ARCHITEKTUR? ARCHITEKTUR ERLEBEN, FÖRDERN UND UNTERSTÜTZEN

Hallo, hier sind wir wieder,

wir, das sind die Freunde des Deutschen Architekturmuseums in Frankfurt am Main, genannt DAM – denn auch ein Museum braucht Freunde! Und es braucht Kuratoren die Ausstellungen machen und deshalb kommt hier auch eine Kuratorin zu Wort.

In unserem 4. Kinderbuch zum Thema Architektur geht es um Frauen in diesem Beruf. Deshalb werdet Ihr ein paar spannende Architektinnen und ihre tollen Projekte kennenlernen und werdet Augen machen!

Aber nicht nur in dem Buch geht es um die Frauen in der Architektur. Auch in einer großen Ausstellung »Frau Architekt. Seit über 100 Jahren Frauen im Architekturberuf« (30. 09. 2017–08. 03. 2018) stellen wir ihre Werke und ihre Geschichten in den Mittelpunkt.

Die Zeichnungen im Buch sind von der Berliner Illustratorin Kitty Kahane. Sie hat schon ein Buch für die Stiftung Bauhaus Dessau gezeichnet, mit dem Titel »Wer wohnt in weißen Würfeln?« Darin geht es um das Bauhaus in Dessau, das bis heute große Bedeutung in der Architektur hat und wo in den 1920er Jahren schon viele Frauen studiert haben.

Viel Freude mit diesem Buch!

Marietta Helen Andreas, Architektin, Vorstandsvorsitzende
Christina Budde, Kuratorin der Ausstellung FRAU ARCHITEKT

Weitere Informationen unter
Gesellschaft der Freunde des DAM e.V.
Telefon: +49 (0) 69 – 97 20 33 66, Mobil: +49 (0) 178 – 44 75 363
E-Mail: freunde.dam@communetwork.net
Web: www.dam-online.de
Facebook: Freunde des Deutschen Architekturmuseums

Deutsches Architekturmuseum
Schaumainkai 43, 60596 Frankfurt am Main
Telefon: +49 (0) 69 – 212 38 844
Web: www.dam-online.de
Geöffnet: Dienstag, Donnerstag – Sonntag 11.00 – 18.00 Uhr, Mittwoch 11.00 – 20.00 Uhr
Öffentliche Verkehrsmittel: U1, U2, U3 und U8 (Schweizer Platz), U4 und U5 (Willy-Brandt-Platz), Museumsuferlinie Bus 46 (Untermainbrücke)

Arne Winkelmann studierte Architektur in Weimar und Krakau und promovierte in Berlin und Weimar. Seit 2000 arbeitet er als freischaffender Architekturpublizist und Kurator (Kuratorenwerkstatt). Seit 2006 ist er in der Architekturvermittlung am DAM tätig.

Kitty Kahane illustriert Kinderbücher, Graphic Novels und Kochbücher. Sie schreibt Geschichten und entwickelt Workshops, die sie weltweit an Goethe-instituten realisiert. Lehrtätigkeit als Dozentin in der Schweiz, in Pakistan und in der Ukraine. Zahlreiche Ausstellungen und Auszeichnungen für ihre Illustrationen.

Bildnachweis

Archivio storico La Triennale di Milano Seite 6
Bauhaus-Archiv Berlin, Foto: Estate T. Lux Feininger Seite 47
Collection of the Library and Documentation Center of MASP, Foto: Luiz Hossaka Seite 16
Deutsches Architekturmuseum Seite 35
Ernst-May-Gesellschaft, Foto: Reinhard Wegmann Seite 37
Martha Schwartz Partners Seite 39 u. 41
Stiftung Zollverein, Foto: Thomas Willemsen Seite 45
VIEW Pictures Ltd / Alamy Stock Photo Seite 21
Raftery, Paul Seite 20

CC BY-SA 2.0
Dalbéra, Jean-Pierre Seite 9
Hisgett, Tony Seite 53
O'Brien, Douglas Seite 9
Zenino, Christine Seite 53

CC BY-SA 3.0
Aders, Nol Seite 27
Allorge, Lionel Seite 33o u. 33u
Birmingham Library, Foto: Peter Broster Seite 27
Kanakari Seite 40
Morio Seite 17
Pepijntje Seite 51
Richters, Christian Seite 28 u. 29
Schäffer, Florian Seite 24
Subbotin, Andrej Seite 11
Vincentz, Frank Seite 31
Wetzig, Elke (Elya) Seite 13

CC BY-SA 4.0
Als33120 Seite 31
Pjt 56 Seite 23

Die GESELLSCHAFT DER FREUNDE DES DEUTSCHEN ARCHITEKTURMUSEUMS gibt seit 2014 eine Kinderbuchreihe zum Thema Architektur heraus. Bisher erschienen: